Wie man reich wird

Wie werde ich reich?

Das haben Sie sich sicher schon häufig gefragt und deshalb auch dieses Buch erworben. Richtig?

Dachte ich mir doch. Aber wie geht es? Wie wird man Reich, wenn man nichts Besonderes kann oder eine hohe Position in einer großen Firma besetzt? Wie wird man Reich, wenn man keine Ahnung hat, wie man sich Selbstständig macht? Wie wird man Reich, ohne eine Weltbewegende Idee zu haben, diese Umzusetzen und diese optimal zu vermarkten? Wie wird man Reich, damit man nicht mehr dieses Leben führen muss, indem man nur daran denkt, wie man seine nächste Rechnung bezahlt und seine Schulden los wird?

Das werde ich Ihnen in diesem Buch Schritt für Schritt erklären. Scheuen Sie sich nicht es aus zu probieren. Sie werden sich oft denken: „Das geht doch gar nicht" oder „unmöglich". Aber doch. Es ist nicht nur möglich, sondern absolute Realität.

Vergessen Sie es, wenn Sie im Internet nach „Wie werde ich Reich" oder „Geld verdienen leicht gemacht" gegoogelt haben. Das wird nichts. Wobei man sagen muss, es wird ja leicht Geld verdient und Reich wird bei diesen Seiten auch jemand. Nur Sie eben nicht. Sie dürfen bezahlen. Mit Geld, Zeit und Erfahrung.

Kennen Sie das Sprichwort: „Wer hat, dem wird gegeben"? Es stimmt. Haben Sie nichts, sind Sie uninteressant und werden auch nichts bekommen, außer einen Kuckuck vom Gerichtsvollzieher auf ihrem Plasma-TV.

Oder auch: „Hast du was, bist du was, bekommst du was". Genau das gleiche.

Ich will Ihnen dass an einem Beispiel verdeutlichen:

Sie fahren mit einem alten schäbigen Auto zu einem Audi Händler in Ihrer Nähe und wollen eine Probefahrt mit einem R8 oder Q7 machen. Sie sind normal gekleidet und haben zudem einen Drei Tage Bart. Sie werden diese Probefahrt erst dann machen können, wenn Sie Bares auf den Tisch legen, Ihre Schufa überprüft wurde und Sie eine aktuelle Lohnbescheinigung oder Ihre aktuellen Kontoauszüge vorgelegt haben.

Jetzt fahren Sie aber mit einem neueren Porsche – Model, fein gekleidet und gepflegt vor. Sie tragen eine Rolex Uhr und reden mit gehobener Sprache. Es hat den Anschein, als seien Sie stinkreich. Der Händler wird Ihnen nur die besten Autos vorstellen und Sie sogar überreden wollen, mit einer seiner Luxuskarosserien eine Probefahrt zu machen. Auf Kosten des Hauses versteht sich.

Das ist die Realität. Gehen Sie doch mal in Ihrem Gammel Outfit in einen angesagten Modeladen, wie Dolce & Gabbana oder Armani und versuchen Sie eine anständige Beratung zu erhalten. Lassen sie sich die besten und teuersten Smokings oder Abendkleider bringen, um diese an zu probieren. Sie können froh sein, wenn Sie nicht hochkant rausfliegen. Tragen Sie jedoch ein aktuelles Kleid der neusten Kollektion, wird man sich darum reißen, Sie bedienen zu dürfen.

„Kleider machen Leute" Noch so ein Sprichwort, das stimmt.

Das Problem an der Geschichte ist eben nur, dass wir es nicht können. Wir können nicht mit den neusten und teuersten Autos vorfahren und die modernsten und teuersten, nobelsten Klamotten tragen um Eindruck zu schinden und Anerkennung und Respekt zu erfahren.

Das müssen wir uns erst erarbeiten.

Wer sagt, es sei einfach Reich zu werden und es geht schnell, ist ein Narr. Die Begriffe „Viel", „Schnell" und „Geld" treffen höchstens auf den Börsenspekulanten an der Wallstreet zu, nachdem er ein goldenes Händchen hatte. Ganz schnell, ganz viel Geld machen, ist nur den absoluten Finanzprofis vorbehalten. Und selbst diese schaffen es nur in seltenen Fällen.

Was aber möglich ist, sind die Begriffe „Viel", „Geld" und „Lang". Das funktioniert, wenn man weiß wie. Und das werde ich Ihnen in diesem Buch deutlich machen. Schritt für Schritt.

Lesen Sie weiter.

Sie werden keine Minute bereuen, in der Sie in diesem Buch lesen.

Nur eins vorweg, lernen Sie über die Linien und Schranken hinaus zu denken. Seit unserer Geburt wurden wir immer in eine Richtung gelenkt. Uns wurde gesagt, was recht und unrecht ist. Uns wurde gesagt was gut und was schlecht für uns ist. Ganz unterschiedlich wurden wir von unseren Eltern, unserem Umfeld und unserer Schule in einen Kasten gepresst, ohne dass wir danach gefragt wurden, ob wir das so auch wollen. Davon müssen wir uns zuerst befreien. Werden Sie Freidenker. Denken Sie Quer. Nicht immer nur geradeaus wie uns beigebracht wurde. Befreien Sie sich aus Ihrer Rolle der Marionette und bestimmen Sie selbst.

Inhaltsverzeichnis:

1. Der Weg aus der Schuldenfalle

   - Der Haushaltsplan
   - Die Arbeitsstelle
   - Ratenzahlungen minimieren
   - Kredite
   - Vergleiche
   - Die Schufa
   - Der letzte Ausweg

2. Das ansparen von Geld

   - Die richtige Anlageform
   - Einnahmen erhöhen - Ausgaben reduzieren

3. Sinnvoll Vorsorgen

> Welche Form der Vorsorge?

4. Schlusswort

Kapitel 1

Der Weg aus der Schuldenfalle

1. Der Haushaltsplan

Warum bleibt am Ende des Geldes noch so viel Monat übrig?

Kennen Sie das auch?

Ja? Dann ändern Sie das. Führen Sie ein Haushaltsbuch. Da steckt sehr viel Potenzial drin. Es wird ersichtlich wo sich Einsparpotenziale befinden, wo Sie Geld regelrecht verschwenden. Nur wann sollen Sie beginnen und wie wird er geführt?

Beginnen Sie am Anfang des Monats bzw. dann wenn Ihr Lohn oder Gehalt auf Ihrem Konto eingeht. Ende des Zyklus ist dann, wenn Sie wieder Ihren Monatlichen Lohn bekommen. Sie beginnen mit

Eingang Ihres Lohnes immer wieder bei 0€. Alle Gelder die zuvor gespart wurden zählen nicht dazu.

Schließlich wollen Sie dahin kommen, mit einem Monatsgehalt auch einen ganzen Monat auszukommen und noch Geld am Monatsende übrig zu haben. Es gibt im Internet zahlreiche kostenlose Downloads von vorgefertigten Haushaltsplänen. Auch Ihre Bank bietet solche kostenfrei an. Vergessen Sie das ganz schnell. Sie werden nicht alle monatlichen Daten erfassen können. Schreiben Sie sich selbst einen. Seien Sie bei der Führung Ihres Haushaltsbuches konsequent und Diszipliniert, sonst brauchen Sie erst gar nicht anfangen eines zu Schreiben.

Auch gibt es Regeln, die Sie unbedingt einhalten sollten.

Regel 1:

Gelder die nur Quartals-, Halb-, oder jährlich gezahlt werden, werden auf einen Monat gerechnet.

Das soll Ihnen die Übersicht erleichtern und Sie bei einem Eingang einer solchen Rechnung vor ungeplanten Rückschlägen schützen. Erhalten Sie z.B. die Rechnung Ihrer KFZ-Versicherung, welche Sie nur jährlich bezahlen, kann Sie das sehr schnell aus dem Ruder werfen. Angenommen Sie bezahlen 500€ Versicherung im Jahr für Ihr Auto, dann rechnen Sie es Monat für Monat in Ihren Haushaltsplan ein. Das Geld ist aber nicht nur Imaginär gerechnet, sondern sollte schon auf dem Konto stehen bleiben. Geben Sie es aus, schwindeln Sie sich selbst an. Sie rechnen dann mit Geld, das Sie gar nicht haben. Das wird Sie teuer zu stehen kommen. Also. Bei 500€ jährlicher Versicherungssumme rechnen Sie 41,67€ in Ihren Haushaltsplan für Ihre KFZ-Versicherung ein.

Kommt jetzt die Rechnung, brauchen Sie sich nicht mehr in Angst und Panik zu versetzen. Das Geld ist ja da. Haushaltsplan sei Dank.

Regel 2:

Alle Gelder die Sie Sparen oder zurücklegen um Ihre Quartals-, Halb- und Jahresrechnungen zu begleichen, sollten nicht einfach auf Ihrem Bankkonto bleiben. Das bringt Ihnen gar nichts. Es gibt sogenannte Geldmarktkonten, welche besser verzinst werden als ein Sparbuch oder Ihr Girokonto. In der Regel bekommen Sie einen festen Zins von 4% auf ein Geldmarktkonto.

Es wäre doch schade, wenn Sie dadurch Geld verlieren. Selbst wenn es nur 3€ sind die Sie so sparen.

Gehen wir zurück zu Ihrer KFZ-Versicherung von 500€ jährlich. Sie haben letzten Monat die Rechnung bezahlt. Die nächste wird in 12 Monaten fällig. Sie sparen also jeden Monat wieder 41,67€. Legen dieses Geld aber auf Ihr Geldmarktkonto. Das hat folgenden Effekt:

Für den ersten Geldeingang von 41,67€ auf Ihrem Geldmarktkonto, erhalten Sie die meisten Zinsen.

Die Bank rechnet Ihren Zinsgewinn mit der Zinsformel
$$Z = \frac{K*P*T}{360*100}$$

Z = Zinsen in €

K = Kapital in € (in Ihrem fall 41,67€)

P = Prozentsatz in %

T = Tage der Einlage

360 = Tage des ganzen Jahres. In der Buchführung hat das Jahr immer nur 360 Tage.(immer 360)

100 = Gegenwert des Prozentsatzes.(Immer 100% fest)

Daraus ergibt sich nun folgendes:

1. Monat: 41,67€ Einlage $Z = \frac{41,67€ * 4\% * 360T}{360T * 100\%} =$ 1,67€
2. Monat: 41,67€ Einlage $Z = \frac{41,67€ * 4\% * 330T}{360T * 100\%} =$ 1,53€
3. Monat: 41,67€ Einlage $Z = \frac{41,67 * 4\% * 300T}{360T * 100\%} =$ 1,39€
4. Monat: 41,67€ Einlage $Z = \frac{41,67 * 4\% * 270T}{360T * 100\%} =$ 1,25€

Die Bank rechnet nicht alles zusammen. Sie rechnet wie lange, welcher Betrag angelegt wurde. Klar haben Sie im zweiten Monat schon 83,34€ auf dem Geldmarktkonto, aber für die einen 41,67€ vom ersten Monat erhalten Sie Zinsen für 360 Tage. Für die zweiten 41,67€ nur noch Zinsen für 330 Tage. So geht die Reihe weiter, bis der letzte Monat angebrochen ist. Für diesen erhalten sie dann noch sagenhafte 0,13€.

Wie Sie sehen geht Ihre Rechnung nicht auf. Sicher haben Sie so gerechnet:

$$\frac{41,67€ * 12 Monate * 4\%}{100} = 20,00€$$

Vergessen Sie es. Sie bekommen lediglich 10,80€ Zinsen gutgeschrieben. Aber hey, besser wie nichts. Rechnen wir mal weiter. Sie müssen jetzt also die

500€ KFZ-Versicherung wieder bezahlen. Sie haben das Geld jedoch Monat für Monat zur Seite gelegt und „satte" 4% kassiert. Sie bezahlen die Versicherung sofort. Und am Ende bleiben auch noch 10,80€ übrig. Hätten Sie nichts gespart, hätten Sie sich die 500€ aus den Rippen schneiden müssen oder eine andere Rechnung nicht bezahlen können oder oder oder...

   Das nicht bezahlen einer anderen Rechnung hätte eine Rücklastschriftgebühr, eine Mahngebühr oder gar ein schreiben vom Mahngericht zur Folge. Alles unnötige Kosten die auf Sie zukommen. Und warum? Weil Sie nicht Diszipliniert und Konsequent genug waren das Geld rechtzeitig zurück zu legen.

Regel 3:

Schreiben Sie alles auf. Jede Ausgabe, jede Einnahme, einfach alles. Sie wollen alles wissen. Sie müssen alles wissen. Wissen, wohin Ihr Geld geht. Wissen woher Ihr Geld kommt. Leihen Sie sich Geld verzeichnen Sie dies als Einnahme. Bezahlen Sie das Geliehene zurück ist dies bei den Ausgaben hinzu zu fügen. Jeder Besuch beim Imbiss um die Ecke, jede Schachtel Zigaretten, sogar das Geld für den Kaffeeautomaten auf der Arbeit muss mit einbezogen werden um eine genaue Analyse über Ihr Finanz- und Konsumverhalten machen zu können.

Regel 4:

Bewahren Sie jeden Kassenbon und jede Quittung auf. Dort steht schwarz auf weiß geschrieben, was Sie mit Ihrem Geld machen.
Ich wette, dass Sie bei jedem Wocheneinkauf mindestens 10€ für Kinkerlitzchen und Krimskrams ausgeben. Mindestens. Das sind dann mindestens 40€ im Monat. 40€ kostet Sie ein Bausparvertrag im Monat. Aber näheres dazu später.
Gehen Sie jeden Kassenbon durch. Streichen Sie alles Rot an, was Sie unnötig gekauft haben. Rechnen Sie alle roten Zahlen zusammen und schreiben unter ihren Haushaltsplan:

SUMME DES GELDES DAS ICH HÄTTE SPAREN KÖNNEN:

Wie sollte der Haushaltsplan nun aussehen?
Am besten benutzen Sie ein sogenanntes T-Konto. Diese Konten werden auch in der Buchführung zur Bilanzierung verwendet. Und genau das tun wir ja. Wir Bilanzieren unseren eigenen Haushalt um Ihn auf Vordermann zu bringen und am Ende mehr von unserem hart erarbeiteten Geld zu haben.

Einnahmen:	Ausgaben:
Lohn Mann:	Miete:
Lohn Frau:	Strom:
Kindergeld:	Handys:
	Internet:
	Kredite:
	Kindergarten:
	Schule:
	Vereine:
	KFZ-Vers.1:
	KFZ-Vers.2:
	KFZ-Steuer1:
	KFZ-Steuer2:
	GEZ:
	Imbiss:
	Lebensmittel:
	Kosmetik:
	Kleidung:
	Usw…

Nun kommt es zur Auswertung des T-Kontos. Sie rechnen nun beide Seiten zusammen und Schreiben es ganz unten hin:

Einnahmen: Mai 2012	Ausgaben: Mai 2012
Lohn Mann:	Miete:
5000,00	2500,00
Lohn Frau:	Strom:

3500,00	650,00
Kindergeld:	Handys:
380,00	350,00
	Internet:
	120,00
	Kredite:
	1250,00
	Kindergarten:
	250,00
	Schule:
	180,00
	Vereine:
	300,00
	KFZ-Vers.1:
	100,00
	KFZ-Vers.2:
	120,00
	KFZ-Steuer1:
Summe:	25,00
8880,00	KFZ-Steuer2:
Übertrag:	14,50
7924,50	GEZ:
Gewinn:	20,00
<u>955,50</u>	Imbiss:
	135,00
	Lebensmittel:
	1000,00
	Kosmetik:
	160,00
	Kleidung:
	750,00

Usw....
Summe:
7924,50

So sollte es zum Monatsende Aussehen. Natürlich Individuell auf Ihre Ein- und Ausgaben ausgelegt. Sollten die Ausgaben nun höher sein, als die Einnahmen, so steht statt Gewinn, Verlust in letzter Zeile. Sie sollten zur Verdeutlichung dann einen Rotstift nehmen, ein Minus davor setzen und die Zahl rot darstellen. Analysieren Sie nun Ihre Kassenbons und Quittungen. Wo sind die Einsparpotenziale. Sind in der Bilanz selbst schon Einsparpotenziale? Analysieren Sie nun alle Ihre Ausgaben. Machen Sie es öfter. Durchdenken Sie jeden Kauf, jede Ausgabe. War das alles nötig? Oder haben Sie, nun mal ganz ehrlich gesagt, Ihr Geld veralbert?

So funktioniert ein Haushaltsplan. Es ist nichts anderes, wie Buchführung und Bilanzierung für Ihr eigenes Zuhause.
Es wird nicht lange dauern, bis Sie Ihre Einsparpotenziale entdecken. Die ersten Ersparnisse werden Sie schon nach dem ersten Monat haben. Sie werden von Monat zu Monat besser und werden jedes Mal etwas finden, wo man noch sparen könnte.

Viele Menschen bezahlen jeden Monat unnötig Geld. Ich zum Beispiel hatte einen Vertrag über 12 Monate mit einem Fitnessstudio abgeschlossen. Ich machte gleich zwei Fehler. Fehler eins war, diesen Vertrag überhaupt zu Unterschreiben. Ich hatte in den zwei Jahren, in denen der Vertrag lief, kaum Gelegenheit, das Studio zu besuchen. Das lag aber nicht an den Öffnungszeiten. Die waren Hervorragend. Jeden Tag von 6 Uhr früh bis 22 Uhr Abends war das Studio geöffnet. Es lag schlicht an meiner Faulheit und Disziplinlosigkeit. Ich wollte absolut Athletisch werden und wollte drei- bis viermal die Woche hin. Letztlich war ich in den zwei Jahren etwa 20-mal Trainieren. Fehler 2: Die Option der Wasserflatrate im Studio. Für 5€ zusätzlich konnte man während des Trainings so viel Wasser trinken wie man wollte. Dazu hätte man nur auch ab und zu zum Training im Fitnessstudio sein müssen, damit sich diese 5€ zusätzlich Rechnen. Letztlich habe ich über 600€ für 20-mal Fitnessstudio bezahlt. Das macht je Training 30€. Dafür bekommt man schon fast einen Personal Trainer.

Was ich sagen will ist, gehen Sie nur auf kostenpflichtige Verträge ein, wenn Sie wirklich dauerhaft etwas davon haben und es auch nutzen.

2. Die Arbeitsstelle

Die Arbeitsstelle ist das A und O für Ihren finanziellen Erfolg.
Wer keine Arbeit hat ist schlecht bedient und sollte nicht darüber jammern, zu wenig Geld zu haben, sondern sollte alles dafür geben, diese Situation zu ändern.

Das nicht jede Arbeitsstelle gleich ist und nicht gleich vergütet wird ist uns allen bewusst. Studierte verdienen eben mehr als Ausgebildete Kräfte. Zu recht. Studierte brauchen wesentlich mehr wissen, mehr Know How und tragen auch sehr viel mehr Verantwortung als ein Schweißer in der Schweißkabine.

Es gibt immer Möglichkeiten, eine passende Arbeitsstelle oder zumindest eine Geldquelle zu finden. Wichtig ist es dabei vor allem, einen unbefristeten Arbeitsvertrag zu haben.

Immer wieder höre ich die Menschen klagen: „Wenn ich das alles wüsste, was ich jetzt weiß und nochmal 15 Jahre wäre, dann würde ich lernen, lernen, lernen. Dann würde ich studieren und anständig Geld verdienen." Klar. So denken die meisten, die mit Ihrer Arbeit und Ihrem Verdienst oder gar mit Ihrer Arbeitslosigkeit unzufrieden sind. Aber hören Sie doch nicht auf zu träumen. Es ist nie zu spät das Ruder rum zu reißen. Nie. Selbst wenn Sie bereits 60 sind, haben Sie noch die Möglichkeit, ein klein wenig zu ändern und zu verbessern.

Das Geheimnis liegt im Wollen. In Ihrer Bereitschaft. In Ihrem Fleiß. Es wird niemanden geben der zu Ihnen kommt und sagt: „ Ich will das Sie diese Weiterbildung machen und danach im Büro für 800€ Netto mehr arbeiten". Träumen Sie weiter. Sie bekommen nichts Geschenkt. Ergreifen Sie selbst Initiative. Machen Sie Weiterbildungen. Bewerben Sie sich bei anderen Firmen. LERNEN SIE.

Wenn Sie z.B. Leiharbeiter sind, dann Bewerben Sie sich. Bewerben Sie sich ständig. Nicht nur bei Firmen in Ihrer Region. Auch weiter weg. Deutschland ist groß. Zeigen Sie Ihre Flexibilität. Sie werden belohnt dafür.

Klar müssen Sie immer individuell auf Ihre Person und Ihre Verhältnisse eingehen. Ein ungelernter Hilfsarbeiter, eingestellt über eine Leihfirma, 40 Jahre alt, ohne Führerschein wird es wohl nicht mehr bis in die Führung der Firma schaffen. Aber ein oder zwei Stufen höher sind auf jeden Fall noch drin. Hier gilt: „UMSO JÜNGER SIE SIND, DESTO BESSER SIND IHRE ENTWICKLUNGSMÖGLICHKEITEN".

Sehen Sie mal. Ein 20 Jähriger, gelernter Arbeiter mit mittlerem Bildungsabschluss, kann noch sehr weit kommen.
Vorausgesetzt er ist bereit dazu. In der Regel ist man mit 20 noch unverheiratet, hat keine Kinder und einen Führerschein.
Sie können also mit Ihren 20 Jahren auf der ganzen Welt arbeiten. Sie haben keinerlei Familiäre Verpflichtungen. Sie sind ungebunden. Sie sind frei. Bilden Sie sich. Sammeln Sie Erfahrung.

Ein hingegen 35 Jähriger Familienvater mit 2 Kindern hat es da schon schwieriger. Er muss die Familie versorgen, braucht Zeit für seine Familie und will nebenbei noch beruflich erfolgreich sein. Ein harter weg. Aber auch das ist möglich. Und auch gar nicht so abwegig. Diesen weg bin ich auch gegangen. Schichtarbeit, zwei Kinder im Alter von 7 Jahren und 1,5 Jahren. Dazu eine Weiterbildung und Sport. Das bedeutete für mich: Montag bis Freitag 8 Stunden Arbeit täglich. Zählt man hier noch den Weg zur Arbeit und die Pausen dazu, sowie das morgendliche Vorbereiten auf die Arbeit, so gingen hierfür schon mal 10 Stunden täglich weg.

Zuhause dann Duschen und den Haushalt auf Vordermann bringen nochmal 2 Stunden. Essen kochen und um die Kinder kümmern, mit Ihnen spielen, Hausaufgaben machen usw. nochmal 2 Stunden. Dienstags und donnerstags waren dann noch 2 Stunden Sport am Abend angesagt. Freitags ging es abends für 3 Stunden in die Schule. Samstags dann für 8 Stunden Schule. Und am Sonntag dann zum Fußballspiel.

Zwischendurch immer Familie, organisatorisches, Haushalt und lernen. Freizeit? Nur der Fußball.

Sie sehen, der Zeitplan ist dann schon sehr straff. Aber es lohnt. Ich verdiene jetzt fast 1000€ mehr als zuvor. Das freut vor allem meine Frau.

Also lassen Sie sich nie einschüchtern. Gehen Sie Ihren weg und versuchen Sie immer die nächsthöhere Stufe zu erreichen. Irgendwann werden Sie Ihr maximales Potenzial erreicht haben. Das werden Sie dann selbst merken. Dann wissen Sie, wie weit Sie kommen können und was Ihnen versagt bleibt. Aber bis dahin: BLEIBEN SIE AM BALL

3. Ratenzahlungen minimieren

Ein weiteres muss für Ihre Finanzen ist es, dass sich Ihre monatlichen Ratenzahlungen Minimieren.
Wie oft sehen Sie teure Dinge, die Sie haben möchten? Haben Sie schon darüber nachgedacht, diese Dinge zu finanzieren? Lassen Sie es Lieber. Es gibt im Leben drei Dinge, bei denen eine Finanzierung sinnvoll ist.
1. Die Finanzierung vom Eigenheim
2. Die Finanzierung eines Neuwagens
3. Die Finanzierung einer neuen Küche

Alles andere sollten Sie nur dann finanzieren, wenn es keinen anderen Ausweg gibt.
Ist z.B. Ihre Waschmaschine defekt und Sie benötigen eine neue, dann müssen Sie abwägen. Was kostet das neue Modell? Habe ich so viel Geld? Gibt es alternativen auf dem Gebrauchtmarkt? Es muss nicht immer eine neue sein. Gebraucht ist oft genauso gut. Wenn Sie um einen Kauf eines neuen Gerätes nicht drum rum kommen, dann tun Sie sich selbst einen Gefallen und schauen nicht nur auf den Preis. Qualität hat seinen Preis. Lieber eine Waschmaschine von Bosch als eine No Name Waschmaschine für 200€ weniger. Die 200€ werden Sie in den nächsten 5 Jahren wieder reinbekommen. Spätestens dann,

wenn Sie die No Name Maschine Reparieren lassen müssen oder eine neue benötigen.

So. Zurück zum Thema. Ratenzahlungen minimieren.
Sicher haben Sie schon einen Haushaltsplan gemacht und leben strickt danach.
Gut.
Nun nehmen Sie das eingesparte Geld her und stecken es in eine bestehende Finanzierung oder Ratenzahlung. Nehmen Sie die Finanzierung, die am schnellsten beglichen ist.
Warum?
Das Geld das Sie eh schon in diese Zahlung stecken, bleibt dann beim Ausgleich der Ratenzahlung übrig. So haben Sie das Geld dieser Ratenzahlung und das eingesparte Geld aus der Analyse Ihres Haushaltsplans.
Ich zeige Ihnen ein kurzes Beispiel:

1.Ratenzahlung   80€ für Kredit über 5000€
Restbetrag 2560€
2.Ratenzahlung   50€ für Laptop über 800€
Restbetrag   350€
3.Ratenzahlung 170€ für Küche über 7000€
Restbetrag 4080€

Bisher hat Ihr monatliches Einkommen nicht ausgereicht.
Dank Ihres Konsequent und Diszipliniert angefertigten Haushaltsplans, bleiben Ihnen z.B. 90€ mehr im Monat.

Dieses Geld sollten Sie sparen. Vorausgesetzt Sie haben keine Schulden. Sie haben aber welche. Nämlich noch genau 6990€.

Bei 50€ Rate ist der Laptop in 7 Monaten bezahlt.
Bei 170€ Rate ist die Küche in 24 Monaten bezahlt.
Bei 80€ Rate ist der Kredit in 32 Monaten bezahlt.

Das bedeutet für Sie, dass Sie in 7 Monaten 50€ mehr für sich haben. Und in 24 Monaten nochmal 170€ mehr. In 32 Monaten kommen nochmal 80€ hinzu. Das macht, mit den 90€ aus dem Haushaltsplan 390€ im Monat. Eine stolze Summe. Aber wollen Sie wirklich 32 Monate warten?

Es geht auch schneller. Jedoch müssen Sie hier auf die zwischenzeitlichen 90€ und 50€ verzichten. Nehmen Sie die 90€ Überschuss aus dem Haushaltsplan und bezahlen sie statt 50€ für den Laptop 140€ im Monat.

Lassen Sie es mich Ihnen anhand einer Tabelle zeigen:

M: ges.	Rate1		Rate2		Rate3	
	350€		4080€		2560	
1	-140€		-170€		-80	-390
	210€		3910€		2480	
2	-140€		-170€		-80	-390
	70€	Ü	3740€		2400	
3	-70€	+70	-240€		-80	-390
	bezahlt	Ü	3500		2320	
4		+70	-310		-80	-390
			3190		2240	
5			-310		-80	-390

			2880		2160	
6			-310		-80	-390
			2570		2080	
7			310		-80	-390
			2260		2000	
8			-310		-80	-390
			1950		1920	
9			-310		-80	-390
			1640		1840	
10			-310		-80	-390
			1330		1760	
11			-310		-80	-390
			1020		1680	
12			-310		-80	-390
			710		1600	
13			-310		-80	-390
			400		1520	
14			-310		-80	-390
			90	Ü	1440	
15			-90	+220	-300	-390
			bezahlt	Ü	1410	
16				+90	-390	-390
					1020	
17					-390	-390
					630	
18					-390	-390
					240	R
19					-240	+70

Legende: Ü = Übertrag
M = Monat
R = Restguthaben

Wie ersichtlich ist haben Sie dank dieser Ratenanalyse Ihre Ratenzahlungen bereits nach 19 Monaten abgeschlossen. Ja Sie haben nicht nach 7 Monaten 50€ mehr. Und auch nach 24 Monaten keine 170€ mehr. Moment mal. 24 Monate bei gleichbleibender Ratenzahlung?
Haben Sie es erkannt? Sie verzichten lediglich auf 50€ die Sie nach 7 Monaten übrig gehabt hätten. Auf diese verzichten Sie
also nur 12 Monate. Sie sind demnach binnen 19 Monate fertig. Sie haben es geschafft 6990€ innerhalb von 19 Monaten abzustottern.
Wahnsinn?
Nein. Kein Wahnsinn. Nur Richtig durchdacht.

In diesem Stil verfahren Sie mit allen Ihren Ratenzahlungen. Zwar haben Sie so die monatliche Rate nicht minimiert, aber Sie haben fast die Hälfte des Abzahlungszyklus eingespart.
19 Monate statt 32 Monate.

Ein weiteres Probates Mittel um seine Zahlungen zu minimieren bzw. sofort zu begleichen lesen Sie im nächsten Abschnitt.

4. Kredite zum Schuldenausgleich

Ihre monatlichen Ratenzahlungen sind zu hoch?

Machen Sie Schluss damit und Schulden Sie um. Es gibt tausende von Kreditanbietern. Da ist für fast für jeden ein passendes Angebot dabei. Wenn Sie im Internet nach einem für Sie entsprechenden Angebot suchen, empfehle ich Ihnen die Seite **check24.de**. Dort werden Sie sicher fündig.

Stehen Sie aber dick in der Kreide und Ihnen wurde bislang jeder Kredit versagt, versuchen Sie einen Kredit ohne Schufa Auskunft zu bekommen. Diese Kredite sind wesentlich teurer als ein normaler Ratenkredit, haben aber den Vorteil, dass Sie trotz hoher Schulden an einen solchen Kredit gelangen.

Oft wird verlangt dass Sie ein notariell bestätigtes Schuldanerkenntnis abgeben. Was Sie mit einer Schuldanerkenntnis nicht machen dürfen, ist das aussetzen oder verschieben einer Rate. Sie müssen jeden Monat, wie vereinbart, Ihre Rate begleichen. Ansonsten kann und wird der Gläubiger sofort die Zwangsvollstreckung gegen Sie einleiten. Das bedeutet für Sie sofortige Pfändung des Girokontos und des Lohns, Eidesstaatliche Versicherung und und und... Die Liste der Möglichkeiten einer Zwangsvollstreckung ist lang und endet im Gefängnis. Also wenn Sie dies tun möchten müssen Sie konsequent und pünktlich Ihre Raten abführen.

Beispiel eines Schuldanerkenntnisses:

URNr. UIJ-23-45

Schuldanerkenntnis

mit Zwangsvollstreckungsunterwerfung

Heute, den siebten Mai zweitausendzehn

- 07.05.2010 -

erschien vor mir,

Dr. Vorname Nachname

Notar in Ort

in der Geschäftsstelle in 99999 Ort, Ortstraße 28:

Herr Vorname Nachname,

geboren am 01.01.1980,

99999 Ort , Forstweg 14,

nach Angabe ledig,

ausgewiesen durch amtlichen Lichtbildausweis.

Der Erschienene erklärt:

Ich erkenne an, der

AUMA KREDITBANK GMBH & CO. KG,

Bank für Finanzierungen,

Bahnhofstraße 2, 76855 Annweiler,

vertreten durch die Komplementdrin AUMA KREDITBANK Beteiligungs- GmbH, vertreten durch die Geschäftsführer: Uwe Rehmund, Thomas Rehmund und Markus Johann, Bahnhofstr. 2, 76855 Annweiler,

3.720,25 EUR

dreitausendsiebenhundertzwanzig 25/100 Euro - nebst 11,9% Jahreszinsen ab 15.04.2010 zu schulden.

-2

Wegen des vorgenannten Betrages nebst Zinsen unterwerfe ich, Vorname Nachname, mich der sofortigen Zwangsvollstreckung aus dieser Urkunde in mein gesamtes Vermögen.

Ich ermächtige und beauftrage den amtierenden Notar, der Bank sofort eine vollstreckbare Ausfertigung dieser Urkunde zu erteilen.

Die Kosten dieser Urkunde trage ich, Vorname Nachname.

Von dieser Urkunde erhalten die AUMA KREDITBANK GMBH & CO. KG, Bank für Finanzierungen z. Hd. der WKV Kreditgesellschaft mbH, 63450 Hanau, Römerstraße 9, eine vollstreckbare Ausfertigung und Herr Nachname eine einfache Abschrift.

Mir, Vorname Nachname, ist bekannt, dass das vorstehende Schuldanerkenntnis mit Zwangsvollstreckungsunterwerfung hinsichtlich der Vollstreckbarkeit die Wirkung eines rechtskräftigen Urteils hat. Danach sind Zwangsvollstreckungsmaßnahmen möglich, ohne dass vorher ein Klage- oder Mahnverfahren durchgeführt werden muss.

Vorgelesen vom Notar, von dem Beteiligten genehmigt und eigenhändig unterschrieben:

Unterschrift Notar   Unterschrift Kreditnehmer

Stempel

Die in diesem Beispiel erwähnte Kreditanstalt ist reell und nicht frei erfunden.

Sie sollten es sich dennoch gut überlegen. Wenn es um Ihre Finanzen so schlecht steht, dass Sie nur noch einen Kredit mit Schuldanerkenntnis angeboten bekommen, müssen Sie sich im Klaren darüber sein, was das für Sie bedeutet.

1. Bezahlen Sie alle Ihre Schulden von diesem Kredit
2. Machen Sie keine neuen Schulden
3. Zahlen Sie Ihre Raten pünktlich

5.Vergleiche

Nun haben Sie sich einen tollen Kredit geholt und merken plötzlich dass es zu wenig ist, um alle Schulden zu bezahlen.

Und jetzt? Noch einen Kredit? Oder nicht alles bezahlen und weitere Ratenzahlungen in Kauf nehmen?

NEIN!

Auf gar keinen Fall, nehmen Sie noch einen Kredit auf oder zahlen weitere Raten an andere Gläubiger!

Versuchen Sie, sich mit Ihren Gläubigern zu einigen. Bieten Sie Ihren Gläubigern einen Vergleich an. Das heißt Sie bieten Ihm eine bestimmte Summe Geld, welche er sofort haben könnte, wenn er den Vergleich eingeht. Verhandeln Sie geschickt, können Sie bis zu 50% der Restschuld sparen.

Haben Sie z.B. einen Kredit, welcher Sie 170€ im Monat kostet und eine Restschuld von etwa 8000€ zu Buche steht, bieten Sie ihrem Gläubiger einen Vergleich mit einer Summe von 4000€ an. Ihr Gläubiger wird denken, dass Sie nicht ganz sauber sind. Aber das macht nichts. Er wird ablehnen. Wahrscheinlich. Machen Sie ihm ein neues Angebot. Diesmal über 5000€. Machen Sie ihm Glaubhaft, Sie seien wirklich so gut wie Bankrott (was ja im Grunde nicht mal gelogen ist) und locken Sie ihn so aus der Reserve. Er wird stutzig werden und sich das Angebot überlegen. Er wird Ihnen ein Angebot unterbreiten. Bei einer Restschuld von 8000€ werden Sie letztlich etwa 5500€ bis 6500€ bezahlen müssen. Immerhin mindestens 1500€ gespart. In keinem Fall bezahlen Sie während und einen Monat vor den Verhandlungen Ihre Raten weiter. Ihre Liquiditätslosigkeit muss ja schließlich Glaubhaft untermauert werden.

So könnte Ihr Schreiben an Ihren Gläubiger aussehen:

Sehr geehrte Damen und Herren,

wie Ihnen sicher aufgefallen ist, bin ich mit meinen Ratenzahlungen in Verzug.

Zurzeit bin ich nicht in der Lage, die Raten zu bezahlen.

Jedoch hätte ich die Möglichkeit durch einen Verwandten, 50% der Restschuld, als Vergleich anzubieten. Dieser Verwandte würde mir das nötige Geld Zinsfrei leihen.

Ich wäre Ihnen sehr Dankbar, wenn wir uns außergerichtlich einigen könnten.

Sollten die Verhandlungen um einen Vergleich mit Ihnen scheitern, sehe ich mich gezwungen, Privatinsolvenz zu beantragen.

Mit freundlichen Grüßen,

Ihr Name

Es wird nicht bei allen funktionieren, aber bei einigen. Kleinere Beträge können Sie ja begleichen. Bei einer Schuld von 300€ wird keiner Ihrer Gläubiger auf einen Vergleich eingehen. Rechnen Sie alle Schulden zusammen und erstellen Sie einen Plan, wie viel Sie den einzelnen Gläubigern als Vergleich anbieten können.

Wenn Sie Clever sind und ein wenig Glück haben, bleibt von Ihrem Kredit sogar noch Geld übrig. Wenn Sie nach einer Schuldauflistung gefragt werden, erstellen Sie eine Liste mit allen Schulden, die Sie haben.

Geben Sie niemals an, das der Kredit den Sie aufgenommen haben, für eine Umschuldung ist. Gleich nach Eingang des Kredits, sollten Sie alles Geld bar abheben. Bei Einigung mit einem Gläubiger, sollten Sie auch nur das geforderte Geld einzahlen und an diesen überweisen. Der Rest bleibt schön zuhause in der Sparsocke.

So. Nun sollten Sie aber Schuldenfrei sein.

Nächster Schritt: Schufa säubern.

6. Die Schufa säubern

Die liebe Schufa. Jeder kennt sie und fast jeder hatte schon mal mit Ihr zu tun. Um genau zu sein, hat jeder in Deutschland lebende Bürger mit Ihr zu tun, der Schulden hat, einen Handyvertrag besitzt, ein Girokonto führt, Kreditkarten besitzt und so weiter.

Das ist ja nicht unbedingt Negativ. Die Schufa wird bei Verbrauchern meist als lästig empfunden. Wer hat sich schon mal darüber geärgert, weil er keinen Handy Vertrag oder einen Fernseher auf Finanzierung bekommen hat? Bestimmt sehr viele Menschen. Aber Sie steht auch für den Schutz der Verbraucher. Gäbe es diese Einrichtung nicht, so wären sehr viele Haushalte mehr in Deutschland maßlos überschuldet.

Die Finanzen der meisten Deutschen Haushalte lassen sowieso schon zu wünschen übrig. Ohne die Schufa wäre es noch schlimmer.

Aber zum eigentlichen. Der Schufa selbst und ihren Methoden.

Unter http://www.verbraucherzentrale-bremen.de/beratung/verbraucherrecht/probleme_schufa.html

Findet man folgendes Skript:

1. Was ist die SCHUFA genau?

Die **Schutzgemeinschaft für allgemeine Kreditsicherung (SCHUFA)** sammelt Daten über Verbraucher. Daten werden beispielsweise schon gespeichert, wenn Sie ein Konto eröffnen. Ein Konto haben die meisten Bundesbürger. Bei denjenigen, die kein Konto haben, wird das in vielen Fällen gerade an einer schlechten SCHUFA-Auskunft liegen.

Die SCHUFA selbst erhebt keine Daten, insbesondere führt sie keine Recherchen durch. Sie ist eine reine Datensammelstelle und verlässt sich ganz und gar auf die Angaben ihrer Vertragspartner. Zusätzlich wertet Sie die Schuldnerverzeichnisse der deutschen Amtsgerichte aus, in die man eingetragen wird, wenn man die Eidesstattliche Versicherung abgeben musste.

Vertragspartner der SCHUFA im europäischen Binnenmarkt sind beispielsweise Banken, Bausparkassen, Versicherungen, Versandhandelsunternehmen, Leasinggesellschaften, Kaufhäuser, Telekommunikationsunternehmen usw. Kreditvermittler sind nicht mehr Vertragspartner der SCHUFA.

Die Vertragspartner der SCHUFA erhalten von der SCHUFA zweierlei Arten von Auskünften: Die A-Auskunft und die B-Auskunft. B-Auskünfte enthalten nur Angaben darüber, ob Sie sich als Kunde vertragstreu verhalten und beispielsweise die Raten ordnungsgemäß zurückzahlen. Die A-Auskünfte sind schwerwiegender. Für Kreditvergabe, Führung eines Girokontos und die Ausgabe von Kreditkarten erhalten die Vertragspartner (in dieser Kategorie hauptsächlich Banken) neben den B-Auskünften Informationen über Ihre gesamte Belastung.

Ergänzend zu den SCHUFA-Auskünften können Kreditgeber einen Score erhalten (siehe nächste Frage).

2. Was ist das sogenannte SCHUFA-Scoring-Verfahren?

Selbst wenn Sie sich nichts haben zuschulden kommen lassen (haben Sie schon negative Einträge bei der SCHUFA, wird der Score gar nicht erst berechnet), kann Ihre Bonität angezweifelt werden. Grund dafür ist das Prognoseverfahren der SCHUFA. Der Score (sinngemäß: „Punktezahl", „Punktestand") ist ein Prozentwert zwischen eins und Hundert, der per Computer ermittelt wird. Je niedriger der Wert, desto schlechter ist die finanzielle Prognose.

Als einzelner Kunde werden Sie nicht nach Ihren persönlichen Daten bewertet, sondern nach den Daten einer Vergleichsgruppe mit ähnlichen Daten. Der Score soll rein statistisch prognostizieren, ob ein bestimmter Kreditvertrag sich ähnlich entwickeln wird wie die Kreditverträge von Vergleichspersonen in der Vergangenheit. Wichtige Daten, wie fester Job und hohes Einkommen werden nicht berücksichtigt, weil die SCHUFA Daten zu Vermögen und Beruf gar nicht sammeln darf.

Das Scoring-Verfahren ist umstritten. Das Amtsgericht Hamburg (Aktenzeichen 9 C 168/01) hat die SCHUFA dazu verurteilt, es zu unterlassen, den Score-Wert des Klägers, eines Kaufmanns, an ihre Vertragspartner weiterzugeben. Das Urteil betrifft jedoch nur diesen Einzelfall. Wer verhindern will, dass die SCHUFA den persönlichen Score-Wert weitergibt, muss ihr das unter Verweis auf das neue Urteil selbst untersagen.

Zu empfehlen ist das aber nicht unbedingt, denn erscheint bei der SCHUFA-Abfrage kein Score-Ergebnis, kann es sein, dass der Sachbearbeiter abwinkt: Ohne Score kein Kredit.

Wird Ihnen ein Kreditantrag oder die Eröffnung eines Kontos ausschließlich unter Hinweis auf den Score-Wert abgelehnt, weisen Sie darauf hin, dass dieser Wert sich immer nur auf Personengruppen bezieht, nicht aber Ihre persönliche finanzielle Situation und Ihr Verhalten als Schuldner widerspiegelt.

Für jede Branche, zum Beispiel Kreditwirtschaft, Versandhandel und Telekommunikation ermittelt die SCHUFA einen eigene Score. Die Werte müssen einzeln extra zur Eigenauskunft abgefragt werden.

3. Was ist die sogenannte SCHUFA-Klausel?

Wenn Sie einen Kredit aufnehmen wollen, ein Auto leasen oder ein Handy kaufen wollen, präsentiert man Ihnen in den Formularen meist die sogenannte SCHUFA-Klausel, mit der Sie sich mit der Weitergabe Ihrer Daten an die SCHUFA einverstanden erklären.

In der Vergangenheit gab es um die SCHUFA-Klausel viel Streit. Die Klausel musste neu gefasst werden, weil der Bundesgerichtshof (Neue Juristische Wochenschrift 1986, S. 46ff.) die pauschale Einwilligung in die Datenweitergabe untersagt hat.

Die Daten dürfen seitdem nur noch weitergegeben werden, wenn die übermittelnde Bank die Aussagekraft und die Berechtigung einer bestimmten Einzelmitteilung unter sorgfältiger Abwägung der beiderseitigen Interessen prüft und außerdem das System der Kreditinformationen so organisiert ist, dass die gespeicherten Daten insgesamt ein möglichst vollständiges, aktuelles Bild der Kreditwürdigkeit des Kunden bieten.

Sie müssen dieser Klausel nicht zustimmen und können Sie aus einem Vertrag streichen. Das birgt allerdings die Gefahr, dass Sie beispielsweise einen Kredit oder ein Handy nicht bekommen. Wenn Sie die SCHUFA-Klausel im Kontoeröffnungsantrag streichen, kann das dazu führen, dass einige Dienstleistungen des Kontos (Überziehungskredit, EC-Karte, Eurocard oder Kundenkarte) ausgeschlossen werden.

4. Was ist von Krediten „ohne SCHUFA-Auskunft" zu halten?

Fallen Sie nicht auf Kredithaie herein, die Ihnen Geld ohne SCHUFA-Abfrage in Zeitungsanzeigen oder im Internet anbieten. Das ist garantiert unseriös und viel zu teuer. Achten Sie nicht nur auf den Zins, sondern auch auf die hohen Bearbeitungsgebühren und die Kreditnebenkosten.

5. Was soll ich tun, wenn mein Vermieter eine SCHUFA-Eigenauskunft verlangt?

Wenn Sie unbedingt eine bestimmte Wohnung haben möchten, müssen Sie wohl oder übel auf diesen Missbrauch, gegen den selbst die SCHUFA machtlos ist, eingehen und dem Vermieter eine Selbstauskunft vorlegen. Schwärzen Sie aber die Angaben, die der potentielle Vermieter nicht wissen muss, wie etwa Konto- oder Kreditkartennummer. Einige Vermieter oder Makler lassen sich die Auswertung der „freiwilligen" Selbstauskunft bezahlen. Wenn Sie notgedrungen gezahlt haben sollten, können Sie später das Geld zurückfordern.

6. Welche Daten speichert die SCHUFA nicht?

Die SCHUFA speichert keine Daten zum Familienstand, zum Arbeitgeber, zum Einkommen und Vermögen und zu Depotwerten. Gerade die drei letzten Punkte können aber für Verbraucher positiv sein.

7. Welche Daten speichert die SCHUFA?

Die SCHUFA speichert zunächst alle Angaben zur Person (Name, Vorname, Geburtsdatum, Anschrift und Voranschrift). Selbst die Daten zu Personen im Ausland werden erfasst. Weiter speichert sie auch die Daten über Bankkonten, Mobilfunkkonten, Kreditkarten, Leasingverträge, Ratenzahlungsgeschäfte und über Kredite und Bürgschaften.

Zusätzlich zu diesen Informationen werden auch diejenigen Daten gespeichert, die jeweils mit diesen

Daten zusammenhängen: Etwa die Laufzeit der Kredite. Gespeichert werden Zahlungsstörungen oder Kündigung. Des Weiteren wird gespeichert, ob eine Kreditkarte eingezogen oder ein Konto von der Bank gekündigt worden ist.

Darüber hinaus erfasst die SCHUFA auch Daten, die mit Vollstreckungsmaßnahmen zusammenhängen: Nämlich die Abgabe der Eidesstattlichen Versicherung (EV, früher: Offenbarungseid), einen Haftbefehl zur Erzwingung der EV, die Eröffnung eines Verbraucherinsolvenzverfahrens oder des Regelinsolvenzverfahrens, die Abweisung eines solchen Verfahrens mangels Masse.

8. Wann müssen diese Daten gelöscht werden?

Die SCHUFA-Einträge müssen nach einer bestimmten Zeit wieder gelöscht werden. Angaben über Anfragen (beispielsweise über das Ansinnen, ein Girokonto eröffnen zu wollen) nach 12 Monaten. Die Angaben werden allerdings nur 10 Tage in Auskünften bekanntgegeben. Kredite bleiben bis zum Ende des dritten Kalenderjahres nach dem Jahr der vollständigen Rückzahlung gespeichert. Bürgschaften werden sofort gelöscht, wenn die Hauptschuld (Kredit) beglichen ist. Die Daten über die nicht vertragsgemäße Abwicklung von Geschäften werden, wenn die Forderungen beglichen worden sind, nach drei Jahren gelöscht. Giro- und Kreditkartenkonten werden sofort gelöscht, wenn das Konto vom Kunden aufgelöst wird. Kundenkonten des Handels werden nach drei Jahren gelöscht. Die Daten aus den Schuldnerverzeichnissen der Amtsgerichte (Eidesstattliche Versicherung [Offenbarungseid] und Haftbefehl zur Erzwingung des Offenbarungseides) werden nach drei Jahren gelöscht. Wenn Sie der SCHUFA nachweisen, dass das Amtsgericht die Eintragung gelöscht hat, werden die Daten bei der SCHUFA vorzeitig gelöscht.

Zwar muss die SCHUFA die Daten nach Ablauf der Fristen löschen, doch sollten Sie das vorsichtshalber kontrollieren. Wir haben die Erfahrung gemacht, dass häufig veraltete Daten im Bestand verbleiben.

9. Kann ich etwas über die Daten erfahren, die bei der SCHUFA über mich gespeichert sind?

Sie haben das Recht (§§ 33ff. Bundesdatenschutzgesetz), die von der SCHUFA gespeicherten Daten mittels einer sogenannten Eigenauskunft zu kontrollieren. Sie sollten von Zeit zu Zeit Ihre Daten bei der SCHUFA abfragen, um Überraschungen vorzubeugen.

10. Wie sieht eine SCHUFA-Selbstauskunft aus?

Nachfolgend haben wir Ihnen eine typische Selbstauskunft abgedruckt.

Vorname Name

MARIENDORFER DAMM 1-3
BERLIN, 27.05.2004

SCHUFA HOLDING AG

12099 BERLIN
12099 MARIENDORFER DAMM 1-3

SEHR GEEHRTER Vorname Name ,

NACHSTEHEND ERHALTEN SIE DIE GEWUENSCHTE AUSKUNFT UEBER DIE ZU

IHRER PERSON BEI UNS GESPEICHERTEN DATEN:

GEBURTSDATUM: 12.12.1952

VORANSCHRIFT
20097 HAMBURG WENDENSTR. 4

GEBURTSORT   00000
BERLIN

VOLKSBANK WITTENBERG EG :
    GIROKONTO NR. 454647

KREDITKARTE 28.01.2001 KTONR 454647

VOLKSWAGEN BANK GMBH :

KREDIT EURO 12.549 IN 42 RATEN AB 15.02.2002 KTON

NECKERMANN VERSAND AG KREDITSERVICE S6:

VERSANDHAUS-KONTO NR. 321654987

VODAFONE D2 GMBH ABT. VDB:

SERVICE-KONTO KTONR 336699114477

11. Wie komme ich an meine Selbstauskunft?

Sie können – die Adressen und Öffnungszeiten erfahren Sie unter http://www.schufa.de/ – die Selbstauskunft mündlich einholen. Sie können auch per Post oder Mail bestellen.

12. Was kostet eine Eigenauskunft?

Die SCHUFA bietet verschiedene Auskünfte, online und schriftlich. Die Preise sind unterschiedlich. Die SCHUFA ist aber verpflichtet, einmal im Jahr Verbrauchern eine kostenlose Auskunft über gespeicherte Daten zu erteilen.

13. Was kann ich tun, falls diese Daten nicht stimmen?

Die Erfahrung von Verbraucherschützern und Rechtsanwälten zeigt, dass der Datenbestand der SCHUFA auch einmal Fehler aufweisen kann. Insbesondere sind manchmal Voranschriften veraltet und Einträge nicht mehr aktuell. Darum, dass die

Daten berichtigt oder gelöscht werden, müssen Sie sich selbst kümmern. Sie müssen sich an die zuständige SCHUFA-Geschäftsstelle oder das Verbraucherservicezentrum Hannover (Adresse, Telefon etc. finden Sie unter http://www.schufa.de/) wenden und nach den Paragraphen 33ff. des Bundesdatenschutzgesetzes die Löschung, Sperrung oder Berichtigung der falschen Daten verlangen. Es ist wichtig, sich zu wehren, weil Sie sonst als Risikokunde gelten können, wenn die Daten entsprechende Fehler aufweisen.

Wenn die SCHUFA innerhalb einer angemessenen Frist nicht überprüfen kann, ob die Daten richtig oder falsch sind, werden die Daten bis zur Klärung der Angelegenheit gesperrt.

Es ist auch möglich und sinnvoll, parallel die Berichtigung der Daten vom jeweiligen Vertragspartner der SCHUFA (beispielsweise einer Bank) zu verlangen, weil derjenige, der die falsche Eintragung verursacht hat, zu deren Widerruf gegenüber der SCHUFA verpflichtet ist und gegebenenfalls für die Folgen eines unrichtigen Eintrags haftet.

14. Wie formuliere ich einen Brief, mit dem ich die Löschung der Daten verlange?

Nachfolgender Musterbrief soll Ihnen ermöglichen, selbst ein Schreiben an die SCHUFA und ihren Vertragspartner zu verfassen, falls Sie in Ihrer

Eigenauskunft falsche Daten gefunden haben. Für weniger komplizierte Sachverhalte reicht selbstverständlich ein knapper Brief. Kürzen Sie unseren Formulierungsvorschlag dementsprechend. Wenn Sie nachvollziehbar und beweisbar darlegen, warum bestimmte Einträge nicht richtig sind, reagiert nach unserer Erfahrung die Gegenseite zumeist rasch und berichtigt die Daten.

Name , Vorname
Bremen, 06.01.2005

Musterweg 7

11111 Musterstadt

An die   Nachrichtlich
an die

Musterbank   SCHUFA
Holding AG

Musterallee 4
        Verbraucherservicezentrum Hannover

11112 Musterstadt   Postfach 56 40

                30056 Hannover

Widerruf einer unrichtigen Meldung an die SCHUFA

Sehr geehrte Damen und Herren,

ich habe am 05.01.2005 eine SCHUFA-Eigenauskunft erhalten, die ich bestellt hatte, um die Daten zu überprüfen. Nicht alle Einträge sind richtig. Von Ihrem Geldinstitut stammt die Eintragung "Girokonto in Abwicklung, Kündigung 354/23.10.04, erledigt 13.11.04." Dieser Eintrag entspricht nicht dem tatsächlichen Sachverhalt.

Zu diesem Zeitpunkt durfte ich mich seit 20 Jahren zu den Kunden Ihres Instituts zählen, ohne dass Sie mir Verfehlungen hätten vorwerfen können.

Trotzdem bekam ich eines Morgens ein Schreiben, mit dem Sie die Auflösung meines Kontos androhten. Ich bat daraufhin um die Löschung und Abrechnung des Kontos sowie um Mitteilung des genauen Saldos, mit der Ankündigung, den exakten Saldo nach Mitteilung unverzüglich auszugleichen.

Daraufhin kündigten Sie das Konto und meldeten die Kündigung an die SCHUFA. Nachdem ich den Saldo ausgeglichen hatte, leiteten Sie der SCHUFA eine "Erledigt-Meldung" zu, woraufhin die SCHUFA oben genannten Eintrag speicherte. Dieser Eintrag entspricht nicht dem tatsächlichen Hergang. Sie sind verpflichtet, diese Daten gegenüber der SCHUFA zu widerrufen. Der Widerrufsanspruch folgt aus einer entsprechenden Anwendung der §§ 823, 1004 BGB als Anspruch auf Beseitigung der durch die unzulässige

Datenübermittlung entstandenen Störung. Eine durch das Bundesdatenschutzgesetz nicht gedeckte Übermittlung von Daten stellt nämlich eine Verletzung des allgemeinen Persönlichkeitsrechts, das als "sonstiges Recht" im Sinne des § 823 Abs. 1 BGB auch negatorischen Schutz nach den allgemeinen Vorschriften genießt.

Das für einen Beseitigungsanspruch erforderliche Fortwirken der Beeinträchtigung besteht regelmäßig so lange, wie die Daten beim Empfänger noch nicht gelöscht sind (Landgericht Karlsruhe MDR 1997, S. 1141f.).

Die Datenübermittlung war in meinem Fall unzulässig, weil sie weder durch die vereinbarte SCHUFA-Klausel noch durch das Bundesdatenschutzgesetz gedeckt war. Die zwischen uns vereinbarte SCHUFA-Klausel sieht vor, dass Ihr Kreditinstitut der SCHUFA Daten aufgrund nicht vertragsgemäßen Verhaltens (zum Beispiel Scheckkarten-Missbrauch, beantragten Mahnbescheiden und anderen Zwangsvollstreckungsmaßnahmen) meldet, soweit dies nach dem Bundesdatenschutzgesetz zulässig ist.

Als Zulässigkeitsvoraussetzung sieht diese Klausel vor, so wie es der Bundesgerichtshofs (NJW 1986, S. 46ff.) verlangt, dass die Meldung zur Wahrung berechtigter Interessen der Bank, eines Vertragspartners der SCHUFA oder der Allgemeinheit erforderlich ist und dadurch die schutzwürdigen Belange des Kunden nicht beeinträchtigt werden.

Hieraus ergibt sich zwingend, dass die Meldungen der Bank an die SCHUFA, die bei der SCHUFA gespeichert und zum Gegenstand von Auskünften an Kreditinstitute werden sollen, inhaltlich richtig und unter strikter Beachtung der Interessen des Kunden sorgfältig vorgenommen werden müssen (Oberlandesgericht Frankfurt ZIP 1989, S. 89ff. = NJW-RR 1989, S. 562ff.).

Da die Klausel auf das Bundesdatenschutzgesetz (BDSG) verweist, hätten Sie bei ihrer Anwendung die von der Rechtsprechung zu § 28 BDSG entwickelten Grundsätze beachten müssen.

Als datenübermittelnde Stelle sind Sie verpflichtet in jedem Einzelfall nach dem Grundsatz der Verhältnismäßigkeit eine Abwägung zwischen Ihren berechtigten Interessen beziehungsweise mit denen der in Betracht kommenden Dritten oder der Allgemeinheit vorzunehmen, bevor Sie die Daten übermitteln.

Dabei hätten Sie auch prüfen müssen, welches Gewicht und welcher Wert meinen schutzwürdigen Belangen zukommt. Sie waren danach nicht berechtigt, die Auflösung des Kontos und den Saldo mit dem Merkmal "Kündigung" an die SCHUFA zu melden.

Das hätten Sie nur in dem Fall tun dürfen, wenn Sie mit Sicherheit davon hätten ausgehen können, dass ich aufgrund von Zahlungsunwilligkeit oder Zahlungsunfähigkeit (Insolvenz) den Saldo nicht sogleich ausgeglichen habe.

Das war jedoch gar nicht der Fall. Allein der Umstand, dass ich den Saldo nicht fristgerecht ausgeglichen habe, kann eine solche Annahme nicht rechtfertigen, ohne dass weitere gewichtige Umstände hinzutreten.

Sie hätten außerdem berücksichtigen müssen, dass ich selbst die Auflösung des Kontos beantragt habe. Außerdem hätte es vor der Übermittlung der Daten an die SCHUFA in jedem Fall einer nachweisbaren fruchtlosen Fristsetzung bedurft.

Den beiden vor der Auflösung des Kontos an mich ergangenen "Erinnerungen" zum Ausgleich des überzogenen Kontos kommt in diesem Zusammenhang keinerlei juristische Bedeutung zu.

Sollten Sie bis zum 06.01.2005 die Löschung nicht vorgenommen und mir gegenüber mittels einer aktualisierten Eigenauskunft nachgewiesen haben, werde ich die Löschung gerichtlich durchsetzen und Schadensersatzansprüche wegen der Gefährdung meiner Kreditwürdigkeit und Nachteilen für meinen Erwerb und mein Fortkommen (§ 824 Abs. 1 BGB) geltend machen.

Mit freundlichem Gruß

15. Was soll ich tun, wenn die Bank es ablehnt, die unrichtigen Daten zu widerrufen oder die SCHUFA sich weigert, unrichtige Daten zu löschen?

Insbesondere dann, wenn Ihnen durch die falsche SCHUFA-Daten ein Schaden entstanden ist oder droht, ein Schaden zu entstehen (beispielsweise bei einer bevorstehenden Baufinanzierung), bleibt Ihnen nur noch der Gang zum Anwalt, der Ihre Ansprüche gegebenenfalls gerichtlich durchsetzen wird.

In Sachen Schufa sollten Sie jetzt Fit sein. Haben Sie dennoch Einträge, tun Sie folgendes:

Man holt sich vom Gläubiger eine Bestätigung, dass man die Verbindlichkeiten getilgt hat. Damit geht man zu seinem zuständigen Amtsgericht und beantragt eine sogenannte "Löschurkunde". Mit der wiederum läuft man zur Schufa, die jeden negativen Eintrag vor Ablauf der 3 Jahre löscht.

Jetzt sind Sie nicht nur Schuldenfrei, sondern auch noch Schufafrei. Das bedeutet, dass Sie wieder zu 100% Geschäftsfähig sind.

Glückwunsch. Haben Sie alle meine Schritte befolgt und leben noch immer nach diesem Schema, sollten Sie folgendes Erreicht haben:

1. Sie haben einen optimierten Haushaltsplan, nachdem Sie sich richten und dadurch jeden Monat ordentlich Geld sparen.
2. Sie haben eine feste Arbeitsstelle bzw. sind auf dem Weg eine unbefristete Stelle zu bekommen und bilden sich gerade weiter um diese Stelle zu festigen.

3. Sie haben Ihre Ratenzahlungen, sowie Beiträge, Gebühren etc. auf das absolute Minimum gebracht und verfügen somit abermals über mehr Geld.
4. Sie haben Ihre Schulden mittels Vergleiche getilgt und haben noch ein paar Euro über.
5. Ihre Schufa ist rein und unbefleckt, Ihr Score befindet sich weit über 90 Punkten

Dann haben Sie bisher alles richtig gemacht.

Es gibt aber auch eine andere Seite. Sind die Schulden zu hoch oder sind Sie nicht konsequent und Diszipliniert nach diesem Plan vorgegangen, dann Rate ich Ihnen unbedingt, das nächste Kapitel genauestens zu studieren. Vielleicht ändert es nochmal Ihre Einstellung und Sie beginnen ernsthaft an Ihren Finanzen zu arbeiten.

7.Der letzte Ausweg

Der letzte Ausweg ist und bleibt die private Insolvenz. Versuchen Sie, diesen Weg zu vermeiden. Er ist hart.
Viele Menschen gehen daran zu Grunde.
Dennoch sollte man diese Option in Erwägung ziehen.

Es kommt ganz auf Ihre Situation an. Auf Ihren Schuldenstand. Oft ist der letzte Ausweg nicht auch der schlechteste.

Bei einer privaten Insolvenz werden Ihnen alle eingehenden Gelder genommen. Sie haben im Moment keinen Cent mehr.
Da wir in einem Sozialstaat leben und Sie ein Minimum an Geld benötigen, bekommen Sie jedoch ein wenig Geld. Gerade so viel, damit Sie Ihr tägliches Brot kaufen können. In der Regel erhalten Sie 300€ im Monat für Ihre Nahrungsmittel, Kleidung, Telefon, Auto etc.

300€ für alle anfallenden Kosten. Das ist nichts. Sie leben 7 Jahre lang mit 300€ am absoluten Existenzminimum.
Sie dürfen in dieser Zeit keine kostenpflichtigen Verträge abschließen. Siedürfen sich Strafrechtlich und Zivilrechtlich nichts zu Schulden kommen lassen. Sie dürfen Garnichts mehr.

Lohnt sich das wirklich? Wer hält das durch?

Ja es Lohnt sich in bestimmten Fällen.
Nehmen wir uns zwei Beispiele.

Beispiel1:

Thomas 26 Jahre alt. Ledig. Langzeit Arbeitslos. 290.000€ eigene Schulden. Hartz4: 350€

Thomas sollte in jedem Fall eine private Insolvenz beantragen. Das kann er beim örtlichen Gericht oder Mahngericht tun. Thomas bekommt seine Wohnung und seine Heizkosten bezahlt, solange diese im zulässigen Bereich liegen. Statt der momentanen 350€ bekommt er nur noch 300€. Da er langzeitarbeitslos ist und keine Aussicht auf Arbeit vorhanden ist, macht es bei Ihm nur einen Unterschied von 50€ und ein paar einzuhaltende auflagen.

Ob er jetzt die nächsten 7 Jahre Arbeitslos ist oder sich die nächsten 7 Jahre in Insolvenz befindet bleibt sich für das tägliche Leben gleich.

Der Unterschied besteht nur darin, dass sich eventuelle Verbesserungen im beruflichen und finanziellen Bereich während der Insolvenz nicht bemerkbar machen. Man muss davon ausgehen, das beim Falle einer neuen Arbeitsstelle, das Geld ausbleibt und er weiterhin mit 300€ im Monat leben muss.

Aber er ist dafür nach 7 Jahren Schuldenfrei.

Wenn Thomas in 7 Jahren Schuldenfrei sein will, ohne Insolvenz zu beantragen, so müsste er monatlich ohne Zinsen 3452,39€ an seine Gläubiger abführen. Er müsste Miete bezahlen, laufende Kosten decken und nebst den Schulden auch noch die Zinsen für diese begleichen.

Er müsste demnach einen unbefristeten Arbeitsplatz mit einem monatlichen Netto von ca. 5500€ erhalten um alles alleine Stämmen zu können.
Das ist sehr unwahrscheinlich.
➔ Private Insolvenz

Beispiel2:

Frank 37 Jahre alt. Verheiratet. Angestellter. 3 Kinder. 170.000€ gemeinsame Schulden. Einkommen: 3800€. Einkommen Frau: 1200€, Kindergeld: 560€

Frank und seine Frau müssten monatlich 2023,81€ ohne Zinsen an Ihre Gläubiger abtreten, um Ihre Schulden innerhalb von 7 Jahren zu begleichen.
Da Frank ein Einkommen von monatlich 3800€ hat und seine Frau ein Einkommen von 1200€ hat, kann Frank problemlos 2500€ in Ihre gemeinsamen Schulden Investieren. Das reicht um die Schuld nebst Zinsen zu begleichen. Zwar muss die Familie für 7 Jahre auf Luxus verzichten, aber Sie haben immer noch ein Budget von 3060€. Damit lässt es sich immer noch gut leben.
➔ Keine Insolvenz

Prinzipiell muss immer unterschieden werden.

Verheiratet, ledig, geschieden, alleiniger Schuldner, mehrere Schuldner, Höhe des Einkommens, Höhe der Schuld usw.

Es sind viele Faktoren, die über eine private Insolvenz entscheiden. Ganz allgemein kann aber so gerechnet werden:

Alle Schulden zusammenrechnen und durch 84 teilen.
Das Ergebnis mit 1,1 multiplizieren.
Können Sie diesen Betrag monatlich bezahlen oder können Sie es nicht?
Wenn Sie es können, setzen Sie sich mit einer Bank Ihres Vertrauens in Verbindung und Spielen Sie mit offenen Karten.
Oft bekommen Sie dann Zinsgünstige Kredite um die Schuld zu begleichen. Sollten Ihre Bank Ihnen nicht zusprechen, reden Sie mit Ihren Gläubigern und erstellen Sie einen Tilgungsplan.

Können Sie den errechneten Betrag nicht bezahlen, gehen Sie genauso vor. Erst mit der Bank reden. Dann mit den Gläubigern. Ist nichts gelungen, wovon auszugehen ist, beantragen Sie private Insolvenz.

Es muss immer Ihr Ziel sein, Ihre Schulden innerhalb von 7 Jahren zu bezahlen. Es darf nie länger dauern. Ein Haus ist hier natürlich eine Ausnahme. Ein Auto nicht. Auch ein Auto darf nicht länger als 7 Jahre finanziert werden. Läuft Ihre Finanzierung länger, machen Sie große Verluste.

Aber warum 7 Jahre?

7 Jahre deshalb, da eine private Insolvenz 7 Jahre läuft. Wenn ich mich entscheiden muss 12 Jahre Schulden abzustottern und danach noch 3 Jahre warten muss bis meine Schufa wieder im reinen ist oder ob ich 7 Jahre durch die Hölle der Insolvenz gehe und nach diesen 7 Jahren mein finanzielles Leben bei null beginnt, so werden Sie mir sicher zustimmen, das 7 Jahre mit Garnichts besser sind, als 15 Jahre mit wenig.

Also gut. Zusammengefasst:

Schulden zusammenzählen.

Betrag durch 84 teilen.

Betrag mit 1,1 multiplizieren.

Möglichkeiten abwägen.

Mit Banken und Gläubigern sprechen.

Tilgungsplan erstellen oder Insolvenz beantragen.

Versuchen Sie immer eine Möglichkeit zu finden, innerhalb der 7 Jahre Ihre Schulden zu begleichen und eine private Insolvenz zu vermeiden.

Die private Insolvenz verlangt Ihnen alles ab und sollte der letzte Ausweg bleiben.

Kapitel 2

Das ansparen von Geld

1. Die richtige Anlageform

Inzwischen sollten Sie Schuldenfrei sein. Sie haben nun, abgesehen von Ihren laufenden Kosten, Ihre kompletten Einnahmen für sich selbst zur Verfügung.

Lassen Sie sich davon aber nicht blenden. Leben Sie so weiter, als hätten Sie kein Geld. Ja das fällt schwer. Könnte man sich doch jetzt so viel leisten und gönnen.

Gerade jetzt. Jetzt wo Sie so lange und mühevoll auf so viel verzichtet haben, sollen Sie so weiter machen?

Ich verstehe Ihre Lustlosigkeit. Es ist wirklich schwierig. Sie haben Geld und sollen es nicht ausgeben.

Aber überlegen Sie mal, warum Reiche Leute Reich geworden sind.

Disziplin heißt das Zauberwort.

Und mal im Ernst. Brauchen Sie das wirklich? Müssen Sie etwas aufholen, das Sie jahrelang verpasst haben? Müssen Sie überhaupt etwas aufholen?

Nein!!!

Müssen Sie nicht. Sie können natürlich wieder anfangen und mit vollen Händen Ihr Geld rausschmeißen, nur werden Sie wieder dort landen, wo Sie angefangen haben.

In der Schuldenfalle!!!

Also. Was machen Sie, um Ihr Geld sinnvoll anzulegen und zu vermehren?

Auch eine Geldanlage ist sehr Individuell auf die einzelnen Personen auszuwählen. Hier möchte ich Sie aber nicht auf etwas fixieren, sondern Ihnen nur etwas raten, was Sie immer machen sollten.

Vermögenswirksame Leistungen.

Einen solchen Vertrag sollten Sie bestenfalls, schon während Ihrer Schulden-Tilgungszeit haben.

Jetzt können Sie gerne noch einen zweiten und dritten Bausparvertrag abschließen.

Was Sie auch tun können, ist Ihr Geld in Staatsanleihen anzulegen. Hier bekommen Sie einen relativ hohen Zinssatz garantiert.

Machen Sie dies wieder 7 Jahre lang. Eben genauso lange wie Ihr Bausparvertrag läuft.

Sie werden jetzt sicher denken: Na toll. Ein Bausparvertrag. Da bekomm ich nach 7 Jahren 5000€. Das ist ja Garnichts.

Mag sein, dass es nicht viel erscheint, aber dieses Geld wird nach der Auszahlung eben nicht ausgegeben, sondern wandert in die nächste Stufe der Anlageform.

Näheres hierzu kommt im nächsten Kapitel: „Sinnvoll vorsorgen"

Der Sinn darin besteht, Sie nicht völlig auszubrennen, sondern Ihnen die Möglichkeit zu geben, zu sparen und gleichzeitig zu leben.

Sicher sollten Sie so viel wie möglich Sparen. Sie werden im nächsten Kapitel verstehen warum es wichtig ist, eine möglichst hohe Summe angespart zu haben.

2. Einnahmen erhöhen – Ausgaben reduzieren

Es ist nun an der Zeit, Ihre Finanzen zu pushen.

Sie sind Schuldenfrei und sparen jeden Monat Geld. Aber warum sollten Sie sich damit zufriedenstellen?

Sie könnten doch mehr haben.

Als erstes gilt es immer den Haushaltsplan zu führen, ihn ständig zu analysieren und zu optimieren. Hier befindet sich immer Geld, welches man einsparen kann.

Als nächstes durchforsten Sie Ihre ganzen Verträge und Mitgliedsbeiträge. Gehen Sie so oft ins Fitnessstudio, damit sich der Vertrag für Sie bezahlt macht? Gibt es günstigere Krankenkassen? Das Gesundheitssystem ist sowieso Marode und Sie werden als Kassenpatient nur behandelt wie die Hühner von der Stange. Da kommt es nicht drauf an, bei welcher Kasse Sie sind. Also sparen Sie sich doch hier etwas Geld ein.

Was ist mit Ihrer Autoversicherung? Gibt es keine günstigeren Varianten bei anderen Versicherern? Ich wette 80% aller versicherten, haben die für Sie falsche Versicherung. Und tun Sie sich hier selbst einen gefallen und nehmen Sie die 150€ Selbstbeteiligung raus. Wenn es zu einem Unfall kommt, lassen Sie sich den Schaden komplett bezahlen und behalten Ihre 150€. Das Ganze hat nur den Effekt, dass Sie ein paar Euro weniger an Beitrag bezahlen. Lohnt sich letztlich aber nicht wirklich.

Suchen Sie Ihre Einsparpotenziale. Sie werden immer welche finden. Nur ist der Mensch zu bequem geworden sich darum zu kümmern. Daran scheitert es zu meist. Oder nehmen Sie Ihren Fernseher komplett vom Strom wenn Sie das Haus verlassen oder Schlafen gehen? Sicher nicht. Das macht je Standby gerät ca. 20€ im Jahr.

Lassen Sie mich kurz rechnen:

-Handyladekabel

-Fernseher

-Sat-Reciver

- Drucker

-Computer

-Radiowecker

-Stereoanlage

-PlayStation

Usw.

Sie haben sicherlich mehr als 10 versteckte Stromfresser.

Das sind 200€ im Jahr. Das macht fast 17€ im Monat rausgeschmissenes Geld aufgrund unserer Bequemlichkeit.

Erhöhen Sie außerdem Ihre Einnahmen.

Daran haben Sie schon oft gedacht? Warum tun Sie es dann nicht?

Es gibt so viele Möglichkeiten, seine Einnahmequellen zu erhöhen. Betreiben Sie Handel. Ankauf und Verkauf von Kleinigkeiten. Wofür gibt es E-Bay? Gehen Sie in den 1€ Discounter und kaufen Sie etwas für 2€. Ich bin fest davon überzeugt, dass Sie jemanden finden, der Ihnen dafür 2,5 – 3€ gibt. Oder wie wäre es mit einem kleinen Nebenjob?

Wenn Sie Schichtarbeiter sind, lässt sich dies natürlich schlecht vereinbaren.

Machen Sie einen Sport? Versuchen Sie sich als Trainer. Wenn Sie jung sind, sollten Sie als Jugendtrainer beginnen. Hier gibt es zwar kein bares, aber so können Sie Erfahrungen sammeln, welche Sie zu späterem Zeitpunkt sehr gut gebrauchen können.

Der Durchschnittliche Verdienst eines Fußballtrainers in der zweitniedrigsten Liga liegt bei etwa 400€ im Monat. Je besser Sie sind und je höher Ihre Mannschaft spielt, desto mehr bekommen Sie am Ende.

Oder tragen Sie die örtliche Tageszeitung aus.

Wenn Sie dachten, ich gebe Ihnen jetzt eine Adresse, bei der Sie in 2 Stunden rumalbern am Computer 200€ verdienen, tut es mir leid. Wenn es das gäbe und es auch noch seriös wäre, würde ich das auch tun. Gibt es aber nicht.

Nur wer etwas tut, wird etwas bekommen.

Sehen Sie dies aber nicht als Arbeit an. Tun Sie es aus Spaß. Suchen Sie sich einen Nebenverdienst, welcher Ihnen Freude bereitet.

Müssen Sie sich ständig quälen, Ihren Nebenjob zu tun, lassen Sie es und suchen Sie sich etwas anderes.

Es reicht ja schon, dass Sie sich täglich auf Ihre Arbeit quälen müssen um arbeiten zu verrichten, die Ihnen keinen Spaß machen und Ihr Chef am Ende die ganze Kohle einsackt und Ihnen Ihr kümmerliches Gehalt überweißt.

Das brauchen Sie nicht täglich doppelt zu erfahren.

Kapitel 3

Sinnvoll Vorsorgen

1. Welche Form der Vorsorge?

Es ist zu überlegen in welcher Form und für was Sie vorsorgen wollen. Gehen Sie ruhig zu Ihrer Bank. Da wird man Ihnen einiges zu Lasten legen. Befolgen Sie alles was Ihr Bankberater Ihnen sagt, gehen Sie mit folgendem Paket nach Hause:

1. Bausparvertrag
2. Riester-Rente
3. Arbeitsunfähigkeitsversicherung
4. Lebensversicherung
5. Unfallversicherung
6. Sparbuch für Ihre Kinder
7. Haftpflichtversicherung
8. Ausbildungsversicherung für Ihre Kinder
9. Hausratversicherung
10. Rechtsschutzversicherung
11. Ergänzungsversicherung
12. Zahnzusatzversicherung

Tolles Paket. Rundum abgesichert.

Dafür haben Sie keinen Cent mehr in der Tasche und Ihre Bank freut sich über satte Geldeinlagen, von denen Sie einen kleinen Teil abbekommen, während die Banken den Großteil für sich beanspruchen. Oder was meinen Sie, wie die Banken an Ihre Milliarden kommen?

Machen Sie das auf gar keinen Fall. Ein paar Sachen sind ja ganz sinnvoll, aber man sollte es nicht übertreiben.

Eine Riesterrente kann man ja abschließen, um die staatlichen Förderungen mit zu nehmen. Aber bitte nicht mit 200€ im Monat. Das ist zu viel und bringt Sie auch nicht weiter.

Konzentrieren Sie sich auf die Lebensversicherung. Aber nicht auf irgendeine. Es muss eine spezielle sein.

Es muss eine Fondgebundene Lebensversicherung mit Rentenoption sein.

Damit haben Sie eine Top Geldanlage, Schutz für Ihre Familie im Falle ihres Ablebens und eine unschlagbare Rentenversicherung in eins gebündelt.

Tun Sie sich selbst einen gefallen und schließen Sie solche Verträge nicht bei Ihrer Bank ab.

Banken neigen dazu, ihren Kunden stets von jedem Risiko abzuraten und Ihnen damit die Chance auf besseres zu verwehren.

Aber warum eine Fondsgebundene Lebensversicherung mit Rentenoption?

Bei dieser Anlageform sind folgende Punkte zu beachten:

1. Sie können sich zwischen einer einmaligen Einlage und einem monatlichen Sparplan entscheiden oder beides mischen. Einlage plus Sparplan

2. Nach 12 Jahren können Sie sich das Geld Steuerfrei ausbezahlen lassen, da Sie die Option zur Rente integriert haben und somit Ihre Altersrente absichern.

3. Sie wählen zwischen verschiedenen Aktien- und Immobilienfonds auf der ganzen Welt. Sie nehmen mehrere Fonds in Ihre Anlage um das Risiko zu Streuen und somit zu minimieren.

4. Das einbezahlte Geld ist das Minimum, was Sie wieder bekommen. Verluste ausgeschlossen. Das muss natürlich auch vertraglich festgelegt werden ist aber möglich.

5. Der Trend von Fonds ist Stetig steigend. Lohnen wird sich eine solche Anlage nur

langfristig. Kurzfristig bringt sie Ihnen nicht viel. Da Sie ja für Ihre Rente vorsorgen wollen, gehen wir auch von einer langfristigen Geldanlage aus.

Begehen Sie nicht den Fehler und träumen Sie schon wieder vom schnellen, vielen Geld. Erinnern Sie sich an die ersten Seiten dieses Buches: „Schnell, Viel und Geld" sind für Normalsterbliche nicht möglich. Eher für Top Börsenspekulanten.

Schlusswort

Jetzt habe ich Ihnen so viel erzählt, aber reich sind Sie noch immer nicht! Sie haben immer noch keine Millionen auf dem Konto. Das liegt daran, dass Sie

hierfür weit mehr tun müssen, als Ihre Finanzen in den Griff zu bekommen. Sie müssen lange Sparen, auf Luxus verzichten, Risiken eingehen usw.
Möglich ist es mit der Fondsgebundenen Lebensversicherung mit Rentenoption dennoch.
Eine Versicherung mit einer minimalen Einmaleinlage oder niedrigen Monatsbeiträgen wird aber nicht reichen. Es braucht schon mehr. Am besten beginnen Sie schon mit 18 Jahren Ihr Vermögen aufzubauen um mit 50 oder 60 sorglos Ihre Arbeit ruhen zu lassen.

Ein Beispiel:

Sie sind 18, gerade ausgelernt und verdienen 1500€ netto.
Davon gehen 120 € in 3 Bausparverträge, 50 € in ein Geldmarktkonto und 100 € in eine Fondsgebundene Lebensversicherung mit Rentenoption.

Rechnen wir die nächsten 7 Jahre.

Bausparverträge:

Bei einem Guthabenszins von 0,25% haben Sie nach 7 Jahren ein Guthaben von 3551,98€! Sie haben in diesen 7 Jahren 3360 selbst angespart. Ergibt ein „fettes Zinsplus" von 191,98€. Das ist nichts.

Aber Gut. Wir brauchen das Geld. Das ganze haben wir jetzt 3 mal. Ergibt nach 7 Jahren 10655,94€.

Geldmarktkonto:

Hier wird nicht monatlich abgerechnet, da der Zinssatz mit etwa 4% zu hoch ist. Das ergäbe Verluste für die Bank.
Es wird einfach die Jahreseinlage mit 4% verrechnet. Ergibt nach 7 Jahren ein Guthaben von 4928,54€. Das sind 728,54€ Zinsen. Eine Monatliche Berechnung mit Zinseszinseffekt ergäbe ein Guthaben von 11426,94€. Das wären dann 7226,94€ Zinsen. Also fast das 10-fache. Klar welche Methode die Bank nimmt.

Fondsgebundene Lebensversicherung mit Rentenoption:

Durchschnittlicher Ertrag 8% pro Jahr

Nach 7 Jahren haben Sie ein Guthaben von 11563,95€ bei einer Einlage von 8400€. Das ergibt 3163,95€ Zinsen.

Insgesamt haben Sie nun 27148,43€ angespart. Alles Geld das Sie besitzen legen Sie nun in diese Fondsgebundene Versicherung. Sie können jetzt aufhören zu sparen. Ihr Geld arbeitet.
Nach nun 30 Jahren bei durchschnittlich 8% (wobei wir hier mit wenig Ertrag rechnen) ergibt sich ein Betrag von:

273185,37€

Sie haben Ihr Geld in 30 Jahren um das 10-fache anwachsen lassen, ohne nur einen Finger zu bewegen. Das alles mit 7 Jahren Sparen. Stellen Sie sich vor, Sie beginnen von Anfang an nur mit dieser Geldanlage!

314183,02€

Sie sind jetzt 55 Jahre alt und haben 314183,02€! Und das obwohl Sie nur 7 Jahre gespart haben. Realistische 12% ergäben folgendes:

1096863,01€
Wir sind am Ziel! Sie haben mit 55 Jahren über 1 Million Euro und haben selbst nur 22680€ gespart. Der Rest kommt durch Zins und Zinseszins und 37 Jahren Zeit. Stellen Sie sich vor Sie machen dies für Ihren Sohn oder Ihre Tochter von Geburt an. Ihr Kind kann mit 37 Jahren in Rente gehen und vom Zins Leben.

Ich bedanke mich für das Aufmerksame Lesen und den Kauf dieses Buches.

Haben Sie fragen oder Anregungen? Gerne empfange ich eine E-Mail von Ihnen.
Sollten Sie Interesse an einem elektronischen Haushaltsbuch haben, melden Sie sich bitte auch via E-Mail.

gute_taten@web.de

Ihr
Bernd Schmidt

Herstellung und Verlag:
BoD - Books on Demand, Norderstedt
ISBN 978-3-7357-8801-6